Colección **CRECE CON BILULU**

Bilulu está aprendiendo, pero sus padres también. Durante la crianza de nuestros hijos aprendemos, día a día, la profesión más importante y difícil del mundo: **ser padres**.

Los niños no vienen con manual de instrucciones y el instinto maternal/paternal no siempre es suficiente.

Esta colección pretende proponer soluciones a los pequeños pero importantes conflictos de la educación durante el período que va de los **0 a los 3 años**. Conflictos que, trabajados a tiempo, facilitan el buen **desarrollo del niño** y la **armonía familiar**.

Textos
Carmen Romero

Ilustraciones
Lucía Álvarez de Toledo

Diseño y maquetación
Sònia Estévez

Dirección de la colección
Eva Moll de Alba

© De los textos: Carmen Romero
© De las ilustraciones: Lucía Álvarez de Toledo
© De la edición: Vegueta Ediciones, S.L.

Roger de Llúria, 82, principal 1a
08009 Barcelona
www.veguetaediciones.com

ISBN: 978-84-17137-85-4
Depósito Legal: B 5980-2022
Fecha de publicación: mayo de 2022
Impreso y encuadernado en España

Carmen Romero (Barcelona, 1973) es psicóloga, educadora en disciplina positiva, experta en estimulación temprana y atención precoz, *coach* de sueño infantil y madre de cuatro hijos. Además de tener su consulta privada, trabaja como asesora para diferentes centros educativos e imparte clases de formación a profesionales.

Lucía Álvarez de Toledo (Madrid, 1973) es ilustradora y madre de tres hijos. Criada en Hong Kong, se licenció en Comunicación en la Universidad de San Francisco y tiene un Máster en Bellas Artes de la Academy of Art University.

Juntas crearon, en 2018, el personaje de Bilulu, inspirado en el deseo de ayudar a otros padres en la ardua pero feliz tarea de la crianza.

FSC
www.fsc.org
MIXTO
Papel procedente de
fuentes responsables
FSC® C165587

Bilulu se va a dormir

Carmen Romero
Lucía Álvarez de Toledo

Vegueta  Infantil

Cada noche Bilulu se mete
en la cama de papá y mamá.

Se despierta varias veces,
aunque enseguida se vuelve
a dormir.

Desde que llegó Bilulu,
descansar no es tarea fácil.

A veces, Bilulu se estira tanto
que papá no cabe en la cama
y se va a dormir al sofá.

Tras mucho hablar, mamá y papá han decidido enseñar a Bilulu a dormir toda la noche seguida.

Lo prepararán todo para que duerma en su propia habitación.

Papá y mamá le explican a
Bilulu cómo van a dormir
a partir de ahora.

Le dan muchos ánimos y le
cuentan que va a ser genial.

Bilulu está feliz y, aunque los cambios a veces le hacen dudar, sabe que sus padres quieren lo mejor.

Se acerca la hora de ir
a la cama.

Mamá prepara la bañera
temprano.

Durante el baño, hablan
de lo bien que va a dormir
y de lo bonita que es su
nueva habitación.

Mientras cenan,
eligen el cuento que
van a leer esa noche.

Bilulu se acuesta pronto,
como todos los niños.

Mamá le lee el cuento
que ha elegido.

¡A Bilulu le encantan
los libros!

Al acabar, mamá le da su
beso de buenas noches,
apaga la luz y se va.

Bilulu intenta dormir
y no puede.

Quiere que mamá
se quede, así que
la llama a gritos.

Mamá vuelve enseguida.

Comprueba que todo está bien y tranquiliza a Bilulu.

Después, le hace una caricia y se va.

Un poco más tarde,
Bilulu empieza a llorar.

Ahora quiere estar en
brazos de mamá.

Mamá y papá están agotados, pero irán a calmar a Bilulu tantas veces como haga falta. Saben que deben mantenerse firmes durante varios días.

El llanto de Bilulu les da tanta pena que a veces se plantean ceder. Sin embargo, quieren conseguir que Bilulu duerma en su propia cama, por su bien.

Por eso, porque quieren a Bilulu, no pueden rendirse.

Bilulu se levanta y entra
en la habitación de papá
y mamá.

Intenta convencerlos para
que le dejen quedarse
con ellos.

Mamá y papá lo tienen claro.

Papá acompaña a Bilulu a su habitación para que se acueste.

Le dice que tiene que descansar.

Le da un beso y se va.

Bilulu ya sabe que no debe levantarse de la cama. Papá y mamá irán a su habitación siempre que sea necesario.

Papá y mamá están seguros y tranquilos. Por eso, Bilulu también debe estarlo.

Su nueva habitación es el mejor sitio para dormir.

¡Buenos días!
Bilulu está feliz.

Ha dormido toda la noche en su habitación. Siente mucho orgullo y emoción.

Por fin toda la familia ha descansado y amanece llena de energía para disfrutar de un día increíble.

Tips en la rutina del sueño

Cada niño es un mundo, al igual que su familia. Por eso no podemos hablar de pautas concretas pero sí de aspectos generales que nos ayudan a entender y regular el sueño.

Entorno ideal para dormir

1. Organizar la habitación del bebé suele ser emocionante, pero recuerda que no es recomendable excederse con detalles decorativos.

2. Compra un colchón firme sin acolchado adicional, cúbrelo con una sábana bajera ajustable e intenta no inclinarlo.

3. Evita almohadas, sábanas, mantas y juguetes en la cuna. Un dudú puede ser un buen compañero.

4. No ates juguetes a los rieles de la cuna ni uses protectores, redes o carpas para cubrirla.

5. Mantén una temperatura adecuada del cuarto: fresca pero no fría.

6. No abrigues en exceso a tu bebé. Basta con una capa más de la que tú llevas.

7. Recuerda que, durante las horas de descanso, la habitación debe permanecer a oscuras.

8. Es recomendable el uso de un humificador para facilitar la respiración en ambientes secos.

9. Un purificador de aire mantiene el entorno libre de suciedad y de gérmenes.

Alineación de los padres

Para enseñar a un niño a dormir es imprescindible que los adultos que lo cuidan se pongan de acuerdo en la estrategia a seguir.

El horario

El horario es determinante en la crianza. Es aconsejable crear y seguir una rutina en la que se repita la secuencia «comer, jugar y dormir». Así se facilitan las siestas, que ayudarán a mejorar la calidad de la alimentación y del sueño nocturno. Tu bebé aprenderá que su jornada se compone de unas horas de día y otras de noche.

La rutina

La rutina es una forma de ayudar a prever. En cuanto el bebé se acostumbre a ella, sabrá lo que viene después y así el cerebro y el cuerpo entenderán que es hora de dormir.

Consistencia

Se trata de evitar el refuerzo intermitente, atendiendo al bebé siempre igual para que aprenda sin confusiones.

Conciliar el sueño

El mayor problema de los bebés es conciliar el sueño de forma independiente. Dormirse solo es una habilidad que se aprende.

Tu bebé tiene que aprender a hacerlo al acostarse y cuando se despierta por la noche. Y para eso es vital que tenga su espacio y sus propias estrategias para conciliar el sueño. Es imprescindible que dejes a tu bebé en su cuna o cama, despierto y consciente de su entorno, para que no dependa de ti —ni de nada— para dormirse.

Calidad y ventanas del sueño

Las ventanas del sueño son los periodos de vigilia. Cambian según la edad, y debes conocerlas para identificar el momento de acostar al bebé, que lo anunciará con distintas señales: frotándose los ojos, bostezando, tocándose la oreja...

Es importante respetarlas, pues así se facilita el proceso de conciliar el sueño. Si se pierden, el cerebro segrega cortisol, el niño se sobreestimula y le cuesta más dormir.

El sueño debe ser continuo, sin interrupciones.

La importancia de las siestas

Mantener un equilibrio entre lo que se duerme durante el día y la noche es básico para que las noches sean buenas, por eso recomendamos las siestas.

Despertares nocturnos

Estos microdespertares, normales en niños y adultos, coinciden con el cambio de ciclo del sueño y suelen producirse cuando nos movemos, nos tapamos, etc. Por lo general, apenas los notamos.

El problema surge cuando tu bebé no sabe volver a dormirse sin apoyo y protesta, esperando tu intervención. La mejor opción es darle unos minutos antes de atenderle para que se autogestione el sueño.

En caso de que se desvele, acude a ver lo que sucede e intenta dormirlo en su cuna o cama, con la luz apagada y un contacto intermitente.

Bilulu

Otros títulos de la colección

Bilulu deja el pañal

Bilulu deja el chupete

Bilulu tiene un hermanito

Bilulu va al cole